Até os confins da Terra.

Evangelizando o Lesotho

David Moreno

Primeira Edição Setembro 2017
Segunda Edição – ampliada – Janeiro 2024

Todas as citações bíblicas mencionadas extraídas da
Bíblia Sagrada Versão João Ferreira de Almeida
Edição 1995
Publicada por Sociedade Bíblica do Brasil

Diagramação e Capa - David Moreno

Revisão ortográfica - Marina Leite

Foto da capa - Hbieser – membro do Pixabay
Usada com autorização

Contatos
leited@hotmail.com

Dedico este livro a,

Thaban Nteloqoa, (falecido) companheiro na obra missionária e primeiro obreiro da Igreja no Lesoto;

Pastor Lázaro Pereira da Silva, que nos recomendou ao Departamento de Missões;

Pastor Humberto Ramos, responsável pelo envio da manutenção financeira;

Urbano e Fátima Teixeira por seu apoio no princípio da obra,

e,

A colônia portuguesa de África do Sul.

Índice

Prefácio

“**Até os confins da terra – Evangelizando o Lesotho**”, descreve experiências na obra missionária neste pequeno e desconhecido país africano situado inteiramente dentro das fronteiras da África do Sul.

Em sua segunda edição, resolvi, além de revisá-lo, ampliar com informações que não constam na primeira edição. Será meu primeiro livro a ser traduzido para o espanhol, já que há uma demanda neste sentido.

Inclui uma introdução antes do primeiro capítulo, no qual relato os fatos que antecederam nossa chegada em definitivo aquele país.

As estatísticas oficiais comprovam que a maioria dos basothos (nome dado aos cidadãos nascidos no país), são cristãos.

Talvez viesse a pergunta: - Por qual razão enviar missionários a uma nação cuja maioria são cristãos?

Da mesma forma que acontece no Brasil e países latinos americanos - em que quase todos se declaram cristãos, mas não são nascidos de novo.

Sem dúvidas, é mais fácil ser missionário em países como o Lesotho, do que onde muçulmanos, hindus e budistas são maioria.

Dou graças a Deus por termos sido enviados ao Lesotho, onde os missionários desfrutam de liberdade para realizar a missão que Jesus ordenou - **Ide por todo o mundo, pregai o evangelho a toda a criatura (Marcos 16.15).** Boa leitura.

Pr. David Moreno

Introdução

Preparando o caminho

Orando em montes, como era meu costume no Brasil, em especial, em Vila Velha, estado do Espírito Santo, foram várias mensagens que recebi de que Deus nos levaria a obra missionária, confirmando o que já sabíamos.

Porem não sabíamos quando nem isto aconteceria, mas uma coisa era certa. Deveríamos estar na posição e com a vida espiritual estável, caso contrário, os projetos de Deus não poderiam ser cumpridos.

Entre várias reuniões ministeriais envolvendo o assunto missões, ficou determinado que cada igreja da denominação nas capitais ficariam responsáveis pela abertura de igrejas no continente africano.

Não sei exatamente qual foi o critério, mas coube ao Estado do Espírito Santo, em particular a igreja de Vitória, providenciar obreiros capacitados para o projeto missionário no Lesotho.

Vale ressaltar que ha tempos, o Espírito Santo requisitou de mim que estudasse inglês. Além da condição financeira na época ser limitada, e um curso ser considerado um luxo, consegui após certa dificuldade começar a estudar o idioma.

Deus sabe o que pede. Quando o então Pastor responsável pela igreja em Vitória, Pr. Lázaro Pereira recebeu a incumbência de viajar para o Lesotho a fim de iniciar os contatos para a abertura da igreja, imaginem quem foi convidado a ir junto?

Acertou. Eu mesmo. Com o meu inglês de aeroporto, suficiente para sobreviver, partimos em direção a São Paulo e posteriormente desembarcamos em Johannesburg, África do Sul.

Chegando a casa pastoral localizada em La Rochelle, que servia de base para missionários que iam a países do continente, bem como aqueles que estavam retornando, a primeira etapa era ir à Pretoria, obter o visto de entrada no Lesotho.

África do Sul é um dos poucos países que o Lesotho mantêm uma embaixada ou consulado devido às condições financeiras para manutenção das mesmas. Além disso, ter relacionamento diplomático com África do Sul é essencial, já que o Lesotho está completamente dentro de suas fronteiras.

De posse do visto e da passagem aérea, fizemos contatos telefônicos com uma portuguesa-angolana, Fátima, que era assídua ouvinte do programa de Rádio transmitido diariamente no período noturno desde Johannesburg.

Em países onde não há brasileiros, os portugueses são geralmente os primeiros contatos para obtenção de informações, ajuda como intérpretes e até apoio financeiro, se for necessário e oportuno.

Fátima e seu esposo, Urbano Teixeira, foram nos esperar no aeroporto internacional de Maseru, que apesar do tamanho e nome, havia apenas dois voos diários da África do Sul.

Além do escasso número de visitantes, a agente de imigração nos fez perguntas desnecessárias e com meu ingles básico, não foi fácil responder satisfatoriamente.

Felizmente, Urbano estava na recepção e foi lhe permitido acesso até nós para explicar a razão de nossa visita e que ficaríamos hospedados no Hotel Vitória, um dos mais conhecidos de Maseru.

Esta primeira impressão no aeroporto não nos impressionou ou causou desanimo. Nos dias seguintes saímos para conhecer o centro da cidade, fazer avaliações de custo de vida, preços nos supermercados.

Fizemos uma programação numa escola particular infantil para pequenos alunos com tradução em ingles. Também tivemos um importante compromisso agendado pelo sócio do Sr. Urbano, Mr. Jabes, com o ministro da Justiça, em cuja reunião expomos nosso desejo de estabelecer uma obra social, e numa segunda fase, igrejas de nossa denominação e que isto representaria um investimento no país.

Lesotho é um país pobre. A taxa de desemprego é altíssima. Portanto, não estávamos ali para implantar uma igreja esperando retorno financeiro, como veremos nos próximos capítulos.

Retornamos a Johannesburg e de lá ao Brasil. O próximo passo seria eu e minha esposa nos organizar e preparar para ir ao campo missionário.

Capítulo I

Khotso, Pula, Nala

Khotso, Pula, Nala - são palavras que constam no símbolo oficial do Lesotho, e significam respectivamente - Paz, chuva e prosperidade.

Muitos nunca ouviram falar deste país localizado no sul do continente africano. Embora tenha suas fronteiras com a África do Sul, o Lesotho tem seu idioma (*sesoto*), dinheiro (*maloti*), governo próprio e leis distintas.

O país não é grande produtor ou exportador. Exporta lã de carneiro para a fabricação de roupas e diamante em quantidade reduzida, embora tenham a característica de serem maiores e cores raras.

Dificilmente ouvimos sobre o país nos meios de comunicação, pois raramente acontecem calamidades naturais, não se envolve com guerras regionais ou sofre ataques terroristas islâmicos.

Devido a sua posição geográfica montanhosa na maior parte do seu território, esteve protegido dos invasores zulus, a tribo poderosa antes da chegada dos europeus.

Com a chegada dos colonizadores ingleses na África do Sul, começando por Cape Town, o isolamento dos *basothos* gradativamente chegou ao final.

Lesotho e Etiópia são os únicos países no continente africano que nunca foi colonizado graças ao difícil acesso.

Moshoshoe I, o líder tribal, conseguiu unir povos que viviam naquela região e eventualmente tornou-se o primeiro rei. Quando sentiu o território ameaçado pelos *Boers*, que estavam expandindo suas áreas de plantio na África do Sul, não viu outra alternativa senão assinar um tratado de proteção com a Inglaterra, na época um grande poder colonial.

O Missionário protestante francês *Casale* foi pioneiro na evangelização do povo *basotho* e tornou-se amigo do *Rei Moshoshoe I*. Depois vieram missionários católicos.

As estatísticas indicam que os *basothos* são na maioria cristãos (protestantes e católicos). As religiões animistas do passado praticamente desapareceram.

Capítulo II

Desafio missionário

Lesotho foi nosso primeiro desafio missionário, já que nunca tínhamos saído de nosso país de origem (Brasil). Nosso objetivo era implantar igrejas na região para a denominação que nos havia enviado e dado suporte financeiro.

Não era uma missão interdenominacional, quando uma agência missionária comissiona certos missionários que não estão conectados diretamente com denominações.

Pagina anterior - Casa pastoral em La Rochele, na Garden Street, Johannesburg, onde chegavam e saíam missionários para todo o continente.

Mapa com a localização do país, cujas fronteiras é a África do Sul.

Após nossa chegada em Johannesburg e hospedagem na casa pastoral, o próximo passo seria ir a Pretória e obter o visto de turista. Visto religioso são obtidos apenas no país com documentos e comprovações necessárias que justifiquem.

Com a permissão no passaporte, contatamos um casal de portugueses citados na introdução, Urbano e Fátima. Ela era nascida em Angola e ele em Chaves, Portugal. Viveram em Angola muitos anos, mas tiveram que fugir devido a guerra de independência. Por esta razão há muito portugueses na África do Sul provenientes de Angola e Moçambique.

Centro da cidade de Pretória, a capital administrativa do país, situada no Estado de Gauteng

Fátima conheceu a Igreja por meio de programas que eram transmitidos pela Rádio Cidade, de Johannesburg de segunda a sexta a noite. Eles foram pessoas que colaboraram na implantação da igreja no país, embora nunca se tornaram membros. Urbano era um homem culto, inteligente, proprietário de uma lapidação de diamantes, tinha negócios em Portugal e Namíbia.

Não havia ônibus de linha regular   interligando Johannesburg-Maseru. Compramos um bilhete de ônibus interestadual que nos levaria até Bloemfontein, capital do Orange Free State.

O meio de transporte mais popular era por   vans particulares, muito utilizado pelos africanos, mas não era aconselhável a estrangeiros, principalmente recém-chegados, como nós. Uma das primeiras lições que o missionário aprende no campo, é tomar decisões corretas para não se expor ao perigo.

No trajeto, o ônibus passou por uma cidade chamada Kimberley, onde   funcionou uma das maiores minas de diamantes do mundo.

Urbano e Fátima nos esperavam na parada do ônibus em Bloemfontein. De automóvel, um confortável Mercedes Bens, seguimos cerca de 80 quilômetros até chegarmos a Maseru.

Após os trâmites da fronteira, estávamos prontos para experimentar novas experiências, por dois anos ininterruptos.

*A entrada principal ao Lesotho é feito através desta
fronteira que é próxima a Maseru, a capital. O Rio Orange
nesta região é a fronteira natural entre os dois países.*

Capitulo III

Adaptação

Ficamos hospedados por uma semana no Hotel Victoria, no centro da cidade, até que a casa no bairro Maseru West fosse liberada. Duas malas eram as únicas coisas que tínhamos para carregar.

Felizmente a casa era mobiliada, ampla, confortável e localizada em frente a Embaixada da União Europeia. Humanamente falando, esta proximidade trazia certa segurança. Detalhe que na rua não havia iluminação pública. Apenas – Kingsway Road –principal avenida que corta o centro da cidade tinha. Outra vantagem desta casa era sua localização estratégica. Possibilitava nos ir a pé até a área de comércio já que não tínhamos carro.

O valor do aluguel era um pouco elevado, mas não havia outra opção naquele momento. A casa era administrada por Mr. Jabez, sócio do Sr. Urbano.

Nos tornamos cliente assíduos do supermercado OK, uma rede de varejo sul-africana. Ali a maioria dos estrangeiros comprava alimentos básicos. No princípio precisávamos ler a embalagem com atenção para evitar decepções posteriores. Ouvi histórias verídicas de estrangeiros que, por falta de conhecimento do idioma inglês, comeram comida para cachorro enlatada.

Alimentação básica

Arroz branco era raríssimo encontrar. O mais popular era o parabolizado (ou parafinado). Feijão-preto nem pensar. Ficamos surpresos ao vermos pela primeira vez feijão enlatado, porem branco, cozido, com molho de tomate e levemente adocicado. Ao paladar brasileiro, só há uma palavra para descrevê-lo - HORRÍVEL!.

Maionese sul-africana era outro desastre. Mais doce que salgada.

A variedade de pão era limitada. O pão de forma era o mais popular, em duas variedades - branco ou marrom. Em todo supermercado havia uma máquina próxima à porta de saída. Se você desejar, poderia fatiá-lo ali mesmo. Bastava colocar o pão na posição adequada, acionar o botão e a máquina começava a vibrar com pequenas serras que subiam e desciam entregando o pão fatiado. Era só empacotá-lo novamente.

Meses depois aprendi comprar pão falando o dialeto na padaria. Eu diria para a atendente

— *Bohobe macúa*, (para pão branco), e

— *Bohobe sotho*, (marrom).

Havia uma variedade de sucos naturais em caixa de 1 litro, embalagem *Tetra pak* a preço acessível, proveniente da África do Sul. Experimentamos pela primeira vez suco de damasco (*apricot*) e lichia (*litchi*). Havia também de goiaba, manga, mamão, pêssego, etc. Suco de uva e maçã com gás em lata (Appletiser and Grapetiser), eram mais populares e baratos que refrigerante. Pêssego, minha fruta predileta, é abundante na região, inclusive haviam 4 pessegueiros em nosso quintal, sendo um de alta qualidade e 3 daqueles menores e sem valor comercial.

Honestidade

Certa ocasião comprei alguns alimentos no supermercado, paguei e sai do estabelecimento. Já há alguns metros de distância, a senhora do caixa veio ao meu encalço dizendo que eu havia esquecido de pegar o troco. Pasmem - Eram apenas alguns centavos.

Uma confirmação que ser pobre não justifica ser desonesto nem motivo para praticar a criminalidade como no Brasil os partidos de esquerda justificam.

Comer fora.

Quando desejávamos comer fora, não havia muitas opções. Havia o KFC (Kentucky Fried Chicken), delicioso, mas altamente calórico. A opção número 2— restaurante chinês, mas dependia de transporte próprio para ir até lá.

Outra opção, porem mais cara, era o restaurante do Cassino e Hotel de luxo, o que não era conveniente a pastores frequentar para não serem mal interpretados.

Descobrimos a opção da comida típica - *papa* (espécie de angu branco mais consistente), *moroho* (vegetal refogado), com carne de cordeiro assada na brasa. No centro da cidade havia uma barraca de comida servida na calçada, cuja maioria dos clientes eram pessoas que trabalhavam em escritórios. Era uma opção saborosa, a baixo custo e com limpeza.

Papa é a comida popular do Lesotho. Uma espécie de angu branco, porem mais consistente, com pouquíssimo sal e sem temperos.

Meses depois descobrimos em Johannesburg um mercado português, o qual vendia feijão-preto proveniente de Moçambique, azeite, azeitonas, bacalhau, e o tradicional tremoço, uma espécie de lentilha arredondada, grande, de cor amarela. O tremoço é muito tradicional entre os portugueses antes e durante as refeições.

Capitulo IV

Primeiros cultos na casa pastoral

Conforme havia sido combinado em reunião ocorrida meses atrás, deveríamos primeiro ter o registro governamental da igreja para depois alugar um imóvel para realização de cultos públicos.

Contratamos um advogado e iniciamos o processo de documentação jurídica. Enquanto o registro oficial não estivesse pronto, tivemos a iniciativa de oferecer gratuitamente curso na casa pastoral.

Tínhamos alguns alunos regulares. Era uma forma de exercitar nosso inglês e fazer contatos com pessoas nativas. As aulas eram realizadas uma vez por semana aos sábados a tarde.

Primeiros cultos

Uma parte da ampla sala fora reservada para ser a igreja temporária e ali realizávamos cultos aos domingos a tarde. No princípio convidamos apenas portugueses que conhecíamos e alunos da classe de português. Havia apenas uma brasileira, casada com um alemão.

27

No primeiro culto tivemos a presença de apenas uma pessoa, Lina, uma jovem filha de portugueses que nos ajudou como interpretes junto aos advogados e ensinando expressões úteis em inglês.

No segundo haviam 3 pessoas. No terceiro culto, porém, não apareceu ninguém. Fiquei profundamente decepcionado. Fui para o nosso quarto e fiquei lembrando dos cultos que participávamos em nosso país, com muitas pessoas, instrumentistas, cantores, etc.

Minha esposa percebendo minha ausência e foi ao meu encontro encorajando-me a realizarmos o culto assim mesmo. Ela cantou e eu preguei. Isto é missão!

Nas semanas posteriores tivemos mais visitantes, portugueses e *basotos* (como chamam as pessoas nascidas no país).

Um desafio que nos faz tremer

Se para alguns obreiros, pregar mesmo no seu idioma nativo é uma experiência complicada, imagine em outro idioma, o qual você não domina.

Falar inglês coloquial, do dia a dia é uma coisa completamente diferente de pregar, pois o vocabulário é diferente.

Meu primeiro sermão em inglês, não demorou mais de 10 minutos. Usei expressões simples como Jesus é vida, ele cura, liberta e salva. Gastei todo o meu vocabulário disponível naquele tempo. Quando esgotou, disse

- Let's pray (Vamos orar!).

Minha esposa gravou sem que eu tivesse conhecimento. Posteriormente reproduziu a fita cassete na casa pastoral de Johannesburg. Os pastores e obreiros que não falavam nada neste idioma, ficaram admirados e até sugeriram que eu lhes ensinasse. Pensei comigo – Como já diz o ditado popular: *em terra de cego, quem têm um olho é rei.*

Já que nosso objetivo prioritário era fundar uma igreja para os nativos, não havia outra alternativa. A fim de aprimorar meu conhecimento no idioma, passei a ouvir louvores e ler a Bíblia em inglês. Passei a ler jornais e revistas locais e perdi o medo de falar.

O resultado foi que em menos de 6 meses já não tinha problemas para comunicar-me. Em um ano me aventurava ler e pregar mensagens bíblica, em especial dos Evangelhos (Mateus, Marcos, Lucas e João) cujos textos eram mais compreensíveis.

Thabang - Uma ajuda essencial

Havíamos conhecido um no Hotel Victoria por nome Paul Thabang onde estivemos hospedados em nossa chegada. Com toda certeza Deus preparou este encontro, pois a vida dele mudaria radicalmente em todos os aspectos. Ele era evangélico membro de uma Igreja Assembly of God em Maseru.

Thabang compareceu nos primeiros cultos realizados na casa pastoral, bem como nas classes de português. Como ele demonstrou disposição em colaborar conosco, o convidamos a nos ajudar, mas antes pedimos a ele que notificasse seu e ele estivesse de acordo estaria congregando conosco. O pastor incentivou Thabang por disse que se era para o crescimento do reino de Deus e missões no país, ele estava de acordo.

A partir desta data ele nos ajudaria como intérprete do inglês para o *sesoto*, nos acompanharia nas visitas a casas e aldeia. Eventualmente ministraria a palavra na igreja em nossa ausência, quando viajávamos para África do Sul ao menos uma vez por mês.

Conforme citado, a vida dele deu uma reviravolta. Conseguimos verba com o Departamento de Missões para comissioná-lo em tempo integral. Isto possibilitou que ele pedisse demissão em seu emprego e a partir de então ficaria à disposição da igreja para o que fosse necessário e estivesse ao seu alcance.

A compra de um automóvel

Durante os primeiros meses deslocávamos a pé ou usando transporte comunitário (vans). A falta de meios de transporte próprio limitava nosso trabalho.

Klaus, alemão casado com a brasileira, foi demitido da companhia de energia em que trabalhava e retornaria para a Alemanha.

Thabang e missionaria Neusa, em Johannesburg.

Ele colocou seu automóvel a venda, mas não tínhamos recursos suficiente para pagá-lo à vista. Não poderia usar o dinheiro das missões para tal. Eu deveria pagá-lo com recursos próprios.

Urbano Teixeira teve a iniciativa de pagá-lo integralmente e eu o reembolsaria parcelado, em até um ano. Era um Ford tipo Station Wagon (Belina).

Outro desafio foi acostumar a dirigir do lado esquerdo da rodovia com o volante é do lado direito. Na primeira semana trafeguei pelo menos duas vezes na contramão.

Uma das quais me deparei com um enorme caminhão vindo em minha direção. Eu pensava que ele estava na contramão ultrapassando outro carro, por isto continuei na pista. Quando faltavam menos de 50 metros, minha esposa alertou- me que o errado era eu. Aquele momento não era para contestar ou tirar a dúvida, caso contrário, talvez nem estivesse escrevendo este livro hoje. Imediatamente voltei a faixa da esquerda. Que susto!

Pelé me ajudou
A primeira vez que fiz a viagem, entre Lesotho e Johannesburg com o carro que havia adquirido, passava próximo à cidade de Kroonstad,

Logo reparei um carro da polícia rodoviária ao meu encalço e fez sinal para que eu parasse. O policial perguntou-me porque eu estava numa faixa destinada a ir para a cidade e mudei sem dar sinal de alerta.

Respondi que era a primeira vez que conduzia naquela rodovia. Perguntou por minha nacionalidade. Quando disse que era do Brasil, ele   exclamou com um sorriso.

- Pelé, Pelé!

Me perguntou qual era o segredo dos brasileiros serem bons no futebol. Eu não tinha a resposta pronta.

" - É o seguinte..".   Esta introdução da minha resposta, me proporcionou alguns segundos para respondê-lo.

" - Quando nasce uma criança, se é menina,   os pais dão uma boneca de presente. Se é menino, uma bola. Quando aprende a andar, o menino já está chutando a bola e não para mais e torna-se um craque".

Ele gostou da resposta. Além de dizer que iria comprar uma bola para seu filho, disse que eu poderia prosseguir a viagem sem a multa. Naquele dia o Pelé e a minha resposta me livrou.

Obra social

Com o automóvel disponível foi possível colocar em prática o projeto de Obra Social. Iniciamos no bairro da cidade por nome *Tetsane*. Fomos de casa em casa, cadastrando as pessoas que receberiam o benefício. A princípio seria distribuição de comida preparada, depois mudamos para sopão e numa outra fase, cesta básica.

Esta foi uma oportunidade de entrarmos pela primeira vez na casa dos basotos de baixa renda. As casas geralmente eram pequenas, redondas, feita de blocos ou tijolo rústico, sem reboco, com uma porta e pequenas janelas e uma chaminé..

A maioria delas tinha apenas dois cômodos. Banheiros, quando havia, era do lado de fora. A forma mais barata para cozinhar era utilizando o querosene. O forte cheiro acabava por impregnar as paredes, móveis e roupas.

Numa destas visitas por instinto entrei com Thabang e minha esposa dentro da casa, mas logo senti o cheiro do querosene comprometer minha respiração. Disfarçadamente fui voltando em direção à porta de onde era possível respirar um pouco de ar fresco. Posicionado ao lado da porta, entre uma tomada de ar fresco, me dirigia ao proprietário explicando sobre o nosso projeto com a ajuda do intérprete. Na próxima casa, fiquei esperto e ficava sempre próximo à porta principal.

33

As casas tinham pequenas chaminés, insuficientes para escoar a fumaça produzida no interior. Cozinhavam em fogareiros de lata que, ao mesmo tempo, serviam como aquecedor nos meses de frio. Nos meses de inverno é muito frio e às vezes cai neve. Poucos sabem que o Lesotho é dos 5 países africanos que há neve. (Lesotho, África do Sul, Tanzânia, Marrocos e Uganda)

Missionária Erinea preparando a papa, uma espécie de angu de consistência mais firme com repolho refogado para ser distribuído em Tetsane.

Com a ajuda financeira da Sra. Fátima, adquirimos os primeiros utensílios necessários e alimentos para iniciarmos a obra social. A partir dai, todos os meses reservávamos 100 dólares exclusivamente para cobrir os custos com este projeto.

A comida diária do africano nesta região é uma espécie de farinha de milho branca, com o qual preparam uma espécie de angu, de consistência endurecida, acompanhado com repolho refogado (*moroho*). Frango, carne ou sardinha enlatada é considerado artigo de luxo para a maioria da população.

Porque tive fome, e destes-me de comer - Mateus 25.35

Em verdade vos digo que quando o fizestes a um destes meus pequeninos irmãos, a mim o fizestes Mt. 25.40

Capítulo V

Contra-ataque

Enquanto não tínhamos a resposta do advogado quanto ao registro federal da Igreja, mantivemos a obra social no bairro *Tetsane*. Nas duas primeiras semanas preparamos a típica *papa*. Distribuímos apenas 2 vezes, mas desistimos porque há um método correto de cozimento.

Recordo-me que na primeira vez que distribuíamos algumas pessoas riam o tempo todo. Desconfiei que havia algo estranho. Era muita alegria.

Perguntei ao Thabang qual era o motivo de tamanha felicidade e disse-me que estavam comentando que a papa estava pegajosa quando mastigavam e colava no "céu-da-boca".

Tomamos a decisão de fazermos uma sopa consistente, além do mais a *papa* requeria muito esforço muscular para prepará-la.

Na distribuição as pessoas traziam os recipientes de plástico ou metal e colocávamos uma porção suficiente para a família.

Depois de algum tempo mudamos a estratégia e passamos a distribuir uma modesta cesta básica, a qual continha o ingrediente mais popular – a farinha de milho (fubá).

Após a distribuição   acrescentamos a atividade de contar histórias bíblicas às crianças. Sempre havia no mínimo 20 delas. A maioria com roupas-velhas, rasgadas e às vezes sem calçados. Isto nos impulsionou a conseguirmos doações de roupas usadas, principalmente para crianças e distribuirmos. Este projeto tomou forma quando conseguimos muitas doações de portugueses da África do Sul.

Neste período de atividades limitadas, aproveitamos para melhorar nossa comunicação em inglês e aprender mais sobre a cultura do povo.

Quando a documentação da Igreja foi aprovada, começamos a procurar locais onde pudéssemos instalar a igreja.

A procura foi intensa e não havia muitas opções. Na área central encontramos um cinema   ocupado apenas pela tarde, e certifiquei que não eram expostos filmes impróprios, pois caso contrário não seria sensato alugarmos o espaço e causaria constrangimento.

Firmamos contrato de seis meses de forma experimental para uso de segunda a domingo, das 8 às 13 horas. Encomendamos faixas, cartazes e panfletos com a data da inauguração.

Porem surgiu um imprevisto que nos trouxe ansiedade e preocupação. Nosso visto de permanência precisava ser renovado. Fui ao Departamento de Imigração solicitar o novo carimbo, com a extensão. O pedido foi negado sem que apresentassem uma razão lógica.

Percebi pela face do oficial que era uma espécie de racismo ao contrário, quando uma pessoa de pele escura aflige o estrangeiro, seja ele qual for a cor da pele. E por final, senti que era um ataque satânico para nos impedir de fazer a obra de Deus. Satanás precisa de corpos para atuar, e ali estava uma pessoa que deu lugar a ele nos negando a renovação do visto.

Cheguei a pensar que ele estivesse forçando uma situação para pagarmos propina, o que obviamente não poderíamos compactuar.

Fui direto ao escritório de nosso advogado, o qual nos recomendou sairmos do país, e não tentar argumentar com o oficial, pois seria pior. Depois de um pequeno período poderíamos retornar e dar nova entrada nos papéis.

Esta situação nos obrigou a ir para Johannesburg e ficarmos na casa pastoral. E como todo bom obreiro, não ficamos parados. Colaborávamos com a igreja local, ministrando, auxiliando nos cultos e participando do programa apresentado na Rádio Cidade.

Retorno ao Lesotho

Quando completou 10 dias, decidimos retornar. Não sabíamos qual seria o desfecho. Tudo poderia acontecer. Entrarmos e regularizar a situação, como ter que retornar a Johannesburg para mais um período de tempo.

Fizemos um propósito de viajar em jejum e só encerrá-lo quando obtivéssemos a extensão do visto.

Foram 6 horas de viagem. Chegamos à fronteira por volta das 4 horas da tarde. Após os trâmites no lado sul-africano, cruzamos a ponte sobre o rio que divide os países e me dirigi ao balcão onde ficavam os oficiais.

Havia aprendido um pouco do dialeto, e para fazer uma graça com eles, falei algumas palavras cumprimentando-os:

- **Khotso, o phela joang**? (Paz, como vai você?)

Quer deixar um africano feliz? Fale o dialeto dele. A estratégia funcionou. A oficial da fronteira me tratou bem, mas deu-nos um visto com validade para o mesmo dia, à meia-noite. Achei estranho o procedimento, mas não quis contestar. Em terras alheias, quanto menos problema melhor.

Tinha que ir rapidamente ao Departamento de Imigração no centro da cidade. Não era distante, mas tinha apenas uma hora disponível antes que encerasse o expediente. Caso contrário, deveria voltar para a África do Sul (Ladybrand a cidade mais próxima), e tentar no próximo dia pela manhã.

Foram momentos de constante ansiedade. Deixei o carro estacionado em lugar provisório e pedi que minha esposa ficasse no carro e o estacionasse num local apropriado.

Apresentei os passaportes ao funcionário que me atendeu uma semana atrás. Tudo indicava que ele era o Chefe do Departamento e decidia. Sem muita cordialidade, pegou nossos passaportes e foi para sua sala. Depois de 20 minutos retornou entregando-me os passaportes. Ansioso, parei na porta de saída para verificá-los se estavam de acordo. Deram 2 anos de extensão.

Enquanto eu estava na batalha pelos documentos, eu não sabia, minha esposa tinha outra. Ela havia estacionado o carro na frente de um caminhão. Poucos minutos depois chegou o motorista bravo e reclamou com ela que o espaço para sair era pequeno.

Foi mal-educado, aproveitando que ela era estrangeira e branca, suponho. Falando em voz alta, pedia que tirasse o carro da sua frente imediatamente. Enquanto ela com muita dificuldade manobrava o carro, o motorista ligou o motor do caminhão e fazia pressão psicológica. Em alguns momentos, segundo ela, deu a impressão de que o caminhão se chocaria ao carro.

Depois que o caminhão foi embora, o problema não cessou. Ela pegou a primeira rua que apareceu e por coincidência (para o pior), que dava acesso ao palácio do Rei. A comitiva vinha em direção contrária com batedores motociclistas abrindo caminho.

Quando eles chegaram próximo ao carro em que minha esposa dirigia gritaram:

- **Sai da frente que aí vem o rei.**

Sem saber o que fazer, estacionou o carro em cima de um gramado e esperou a comitiva passar.

Quando aí cheguei onde havia deixado minha esposa, não a encontrei. Procurei mais não encontrava até que finalmente ele surgiu e me contou com detalhes o que passara.

Transmiti as boas notícias sobre a renovação, oramos a Deus agradecendo. Fomos a um restaurante entregar o jejum e dali para a casa pastoral, fechada durante nossa ausência.

Quando estamos em missões, nem tudo acontece da forma que gostaríamos ou planejamos. É suposto recebermos retaliação movidas pelas hostes do mal, e não sabemos nem de que direção virá.

Por pregar o evangelho, os demônios querem impedir, causar problemas, dificuldades, pedras no caminho, pois ele não quer perder as almas que estão sob seu domínio.

Que diremos, pois a estas coisas? Se Deus é por nós, quem será contra nós? (Romanos 8.11)

Capítulo VI

Inauguração da Igreja

De volta ao país, tínhamos poucos dias antes da inauguração. Fomos as ruas distribuir 5 mil folhetos impressos em sesoto, e uma quantidade menor; em inglês.

Fato interessante é que as pessoas pegavam o folheto para examinar, nunca eram mal-educadas ao serem abordadas, nem jogavam no lixo.

No dia marcado, nas primeiras horas do domingo, nossa expectativa era grande. Ao chegarmos ao local, um cinema com capacidade para até 200 pessoas sentadas, iniciamos a montagem do equipamento de áudio que na época era o básico dos básicos. Uma caixa amplificada, um teclado Yamaha e dois microfones com fio.

Pontualmente às 10h abrimos a porta principal e pessoas começaram a entrar. Fiquei na entrada cumprimentando um por um, enquanto Thabang e Taoana iniciavam o período de louvor.

Qualquer missionário que já esteve na África, sabe o quanto a música exerce nos cultos de adoração. Eles cantam até sem instrumentos. Dançam até sem música.

Está no sangue. Não ensaiam e poucos sabem o que é uma nota musical, mas tem música no sangue. Costumo dizer que não há na terra quem cante como os africanos.

Um jovem por nome Taoana (que significa leão, em sesoto), se dispôs a tocar nos cultos sem receber nenhuma remuneração, ainda que merecia. Foi outra providência de Deus, já que minha esposa tocava apenas 3 ou 4 músicas.

Tive o cuidado de contá-las e havia aproximadamente 150 pessoas das faixas etárias mais variadas. Para nós, foi um incentivo muito grande ver aquela quantidade de visitantes. Obviamente sabíamos que com o tempo o número iria diminuir gradativamente até estabilizar.

Terminado o período de louvores, fizemos uma pequena introdução, oração seguida da leitura da palavra de Deus. Thabang, traduzia do inglês para o sesoto. Ele era tão habilidoso que quando me faltava alguma palavra no vocabulário, completava, pois conhecia a Bíblia.

Selecionei uma passagem do Evangelho, dando ênfase ao poder de Deus para curar enfermidades, libertar cativos e salvar os perdidos. Na África a simplicidade na exposição do Evangelho faz mais efeitos que mensagens elaboradas.

Como há uma grande carência na área material, e recursos hospitalares, é natural que buscarem em Deus o milagre.

No panfleto havíamos escrito com letras garrafais - **Jesu ke karabo** (Jesus é a resposta!). A multidão estava ali em busca de um milagre.

Encerrada a mensagem, convidei as pessoas que necessitavam de uma intervenção divina que viessem a frente, pois iríamos clamar a Deus.

Milagres ainda acontecem

Um senhor, de onde estava sentado, levantou-se e pediu a palavra. Ele tinha uma neta de aproximadamente 5 anos que inexplicavelmente parou de andar. Isto causara profunda tristeza para a família. Ela foi carregada no colo até a igreja. Colocamos ela na área do púlpito e iniciamos uma fervorosa oração clamando por um milagre. Era o momento de colocar nossa fé em prática e crer que Deus operaria maravilhas.

Quando terminamos, a menina começou a andar lentamente. Porem não deu muitos passos. Mas assim mesmo foi um momento de grande alegria e glorificação a Deus. Seguindo orientação do Espírito Santo, ela passaria a andar normalmente dentro de poucos dias. No próximo domingo o avô retornou, dizendo que a menina havia andado durante a semana e que estavam muito felizes. O problema é que eles vieram de longe e não tivemos mais notícias. Mas outras pessoas receberam milagres e congregaram conosco.

Curada de surdez

Quando perguntamos as pessoas que vieram a frente se algo sobrenatural havia passado durante a oração, uma senhora de seus 50 anos disse que fora curada de problemas de audição. Segundo suas palavras, há anos não escutava com seu ouvido direito. Mas agora a audição havia sido reestabelecida. Meses depois esta senhora foi a primeira pessoa que batizamos nas águas.

Faculdade grátis

Uma semana após o culto de inauguração, uma jovem senhora, de aproximadamente 28 anos, cujo nome era Francesca Matebesi disse que havia feito inscrição para estudar em uma universidade, mas não tinha recursos financeiros para pagar o curso. Estava sem esperança.

Ela contou que no dia da inauguração, quando eu falei sobre causas impossíveis, o que Deus podia reverter, ela orou e pediu a respeito deste curso que gostaria de fazer.

Na quarta-feira recebeu uma mensagem para ir até a faculdade e disseram que ela havia ganhado uma bolsa de estudos.

Ela ficou imensamente grata a Deus e tornou-se membro ativa da igreja. Meses depois, quando nasceu seu filho, ela colocou o nome de Thapelo, que significa Fé.

Foram meses de planejamento, viagens, gastos financeiros, jejum e oração que resultaram de forma positiva neste dia. Toda honra e glória seja dada a Deus.

Nada mais gratificante para um missionário, que ver o fruto do seu trabalho. No entanto, estávamos convictos de que estávamos apenas começando a plantação para futura colheita.

Ao final do dia, exaustos pelas atividades, podíamos dizer:

- *Ebenezer, até aqui nos ajudou o Senhor.*

Cine na área central de Maseru, que usamos por seis meses.. Observação – Esta foi tirada tempos depois quando havíamos mudado o endereço e outra denominação utilizava o espaço.

E estes sinais seguirão aos que crerem.... e imporão as mãos sobre os enfermos e os curarão – Marcos 16. 17,18b

Capitulo VII

Evangelismo pleno

Encontramos um imóvel bem localizado, numa estrada que liga a capital ao sul, onde passavam milhares de pessoas diariamente, precisamos investir na evangelização. Fizemos o contrato renováveis a cada ano. Poderíamos ter quantos cultos fossem necessários e acesso ao local a qualquer horário, o que não ocorria no antigo cinema.

Agora a meta era intensificar o evangelho em todas as suas formas possíveis. Panfletagem, visitas, cultos nas ruas, etc.

Descobrimos uma agência missionária, em Johannesburg, a qual distribuía literatura em vários idiomas africanos, a baixo custo. Adquirimos várias bíblias (*Bibele*) em *sesoto*, bem como panfletos coloridos e cartazes.

Duas vezes por semana saíamos pelos bairros adjacentes distribuindo panfletos.

Correndo atrás do panfleto

Numa certa ocasião, distribuíamos em frente de uma escola secundária no bairro Maseru West. Ficamos admirados com a receptividade dos alunos.

Quando estávamos a quase 500 metros distantes da escola, onde havíamos estado evangelizando, notamos que um jovem uniformizado vinha correndo em nossa direção.

Quando se aproximou disse que havia chegado depois que fizemos a panfletagem e gostaria de ter alguns folhetos. Prontamente selecionamos um de cada modelo, ele agradeceu e retornou para a escola (correndo).

Este fato nos deixou admirado. Acostumado a fazer panfletagem em ruas no Brasil, especialmente em São Paulo e Vitória, (ES), jamais vira algo semelhante. Há lugares que as pessoas estão correndo dos panfletos. No Lesotho é o oposto.

Nossa publicação x Revista da seita

Noutra ocasião, distribuíamos nas ruas um jornal bilíngue bimestral (inglês e português) do qual era eu o editor. Era material de alta qualidade e colorido.

Encontrei com um senhor membro de uma seita, que vão de porta em porta, disseminando mentiras, buscando inconversos e cristãos neófitos, sem conhecimentos bíblicos.

Ele trazia revistas da organização religiosa nas mãos. Ofereceu-me sua publicação, mas disse que tinha um custo. Propus uma troca. Ele levaria uma publicação nossa grátis e, em contrapartida, nos daria um exemplar da sua revista. Ele recusou a proposta. Se aceitasse, eu jogaria a publicação deles no primeiro lixo que encontrasse, enquanto ele leria testemunhos de pessoas curadas, libertas e salvas por Jesus.

A cor de Jesus?

Certo sábado a tarde nos aventuramos pelo interior do país a uma cidade localizada ao norte chamada *Leribe*, distante cerca de 150 quilômetros da capital. *Thabang* não nos acompanhou nesta ocasião.

Orientava-me apenas pelo mapa impresso, já que não havia GPS na época ou recursos eletrônicos. Quando chegamos ao lugar que parecia ser o centro da cidade, estacionamos o carro e saímos pelas ruas distribuindo panfletos em *sesotho*.

Após uma hora de distribuição, quando todos aceitavam o panfleto, um jovem recusou o panfleto. Quis saber por qual razão, me respondeu-me que o Jesus que apresentávamos era branco. Segundo seu raciocínio, sendo ele de pele escura, não estava interessado. Percebi um odor característico indicando que ele ingerira bebida alcoólico em pequena quantidade.

O Espirito Santo me deu a estratégia que funcionou. Disse-lhe que Jesus nasceu em Belém, no Oriente Médio, e que geograficamente o local era um encontro dos continentes asiático e africano. Portanto, Jesus não era nem branco como eu, nem negro como ele, deveria ter a pele morena clara. Ele ouviu atentamente, sorriu, aceitou o panfleto e foi embora lendo.

Cultos ao ar livre

Outra forma de evangelismo que deu certo foi os cultos ao ar livre em bairros da capital, especialmente próximo à rodovia principal.

Saíamos da igreja no domingo à tarde em direção a um local específico, mas sem nenhum tipo de publicidade antecipada.

Ao chegar montávamos o equipamento - uma caixa amplificada de baixa qualidade, que podia ser ligada a bateria do carro, um microfone e um teclado que funcionava com pilhas grandes.

Apenas no processo da montagem, apareciam os primeiros curiosos, geralmente as crianças. Queriam saber o que estava acontecendo. Certamente verem algum estrangeiro e branco ali era motivo de curiosidade. Todos que passavam na estrada, seja de carro, caminhão ou ônibus, não resistiam dar uma olhada para nós e imaginar o que estaríamos fazendo.

Depois vinham os adolescentes, jovens e por fim, os adultos. De repente, sem nenhuma publicidade ou sonorização, tínhamos um público aproximado de 100 pessoas.

O método para os cultos ao ar livre, eram sempre os mesmos. Começávamos com música. Depois líamos a palavra de Deus. Após uma breve explanação, orávamos por todos e deixávamos panfletos com o endereço da igreja e horários de culto.

Foto tirada no bairro Mazenod. Nas mãos das crianças, nossa publicação bilíngue com o endereço da igreja.

Tentando o Espirito Santo

Em um destes cultos ao ar livre, notamos que um casal de jovens se aproximou do local, mas ficaram como que observando o movimento, mas sentíamos que eles não estavam ali para participar, nem tao pouco interessados na Palavra de Deus.

55

Não sabiamos quais eram suas intenções. Quando o Espirito Santo nos deu algumas revelações relacionadas com algumas pessoas que ali estavam, como costume, sempre pedíamos que levantassem as mãos. Então eles, em quase todas as revelações, levantavam as mãos como para provar nos, mas eles ignoravam que tínhamos discernimento espiritual.

Dizíamos a eles: O Espirito Santo não confirma que a revelação é para vocês. Vendo que a estratégia não deu certo, eles se foram e continuamos o culto, sem os incrédulos.

Liberdade

Cada país tem suas características e os métodos de evangelismo mudam. No Lesotho, era desnecessário pedir autorização para a prefeitura ou polícia para realizarmos cultos ao ar livre.

Há total liberdade e o povo é receptivo. Nunca fomos afrontados por distribuir panfletos nem houve distúrbios nos cultos ao ar livre que realizamos. Uma vez um caminhão do exército parou próximo ao local onde estávamos reunidos para distribuição de alimentos, e dois soldados vieram até o carro verificar o que estava acontecendo. Isto porque, o quartel do exército ficava nas proximidades. Ao verem o que estávamos realizando, pediram desculpas pela interrupção e embora.

Os missionários de hoje, como foi nosso caso, colhem os frutos plantados pelos missionários pioneiros. Provavelmente naqueles dias as condições eram mais difíceis em todos os sentidos.

Se você pretende ser missionário, deve estar apto para fazer evangelismo público no seu bairro e cidade antes de imaginar-se num país distante fazendo a obra. Todo missionário já foi evangelista no sentido prático da palavra.

E a palavra do Senhor se divulgava por toda aquela província – Atos 13.49

Capitulo VIII

Perigo na estrada

Uma vez por mês, viajávamos a Johannesburg para buscar a ajuda financeira que vinha da sede do Brasil destinada à manutenção da obra missionária no Lesotho. Entre gastos com aluguel da igreja, casa, ajuda pastoral, etc. A média de gastos girava em torno de $ 2.500,00.

Eram aproximadamente 6 horas de carro, passando por 3 rotas principais: R26, R508 e N1. Passávamos pelas cidades de *Ladybrand, Clocolan* e *Marquard*, cujas estradas eram de uma pista. A outra metade do trajeto era pela N1 que liga o norte ao sul do país.

Essa rodovia é uma das melhores que já dirigi. É possível trafegar centenas de quilômetros e não encontrar sequer um buraco ou deformidade no asfalto. Durante o processo de construção utilizam várias camadas de pedras de diferentes tamanhos, revestimento de concreto, para depois, na última fase, aplicarem a malha asfáltica.

Acidentes acontecem, mas por outras razões, principalmente alta velocidade e negligência ao volante.

As rodovias federais da África do Sul são construídas para durar décadas.

Numa destas viagens, planejava retornar de Johannesburg no sábado pela manhã, chegando ao nosso destino antes do anoitecer.

Era perigoso viajar na África do Sul a noite. Não havia assistência mecânica de emergência, pouco policiamento e o país tem um índice altíssimo de roubos de carros.

O pastor da África do Sul na época, Celso Omar, insistiu para ficarmos para o almoço e acabamos por concordar. Partimos aproximadamente às 14 horas.

No início do percurso, sentimos da parte do Espírito Santo que deveríamos estar em alerta constante. Não tínhamos ideia do que poderia ocorrer, mas ficamos avisados.

Na Rota N1 tudo correu normalmente. Nossa parada em *Kronstraad* para abastecer e um rápido lanche, foi abreviada.

Quando saímos da N1 iríamos passar por estradas secundárias de apenas uma pista com duplo tráfego. Mesmo durante o dia são poucos carros e caminhões que utilizam esta rota.

O sol estava baixando rapidamente, trazendo a escuridão de forma súbita. Próximo ao trevo de duas rodovias R5 e R507, observamos um carro tipo camioneta de pequeno porte parado no acostamento.

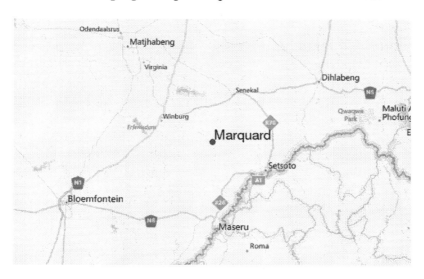

Haviam três homens africanos que supostamente estavam urinando, como é costume nesta região. Só teríamos a certeza se era real ou encenação após passarmos por eles e vermos a reação.

61

Percebemos que aí poderia ser o perigo do qual o Espírito Santo havia nos alertado no princípio da viagem de retorno. Nosso carro era um Ford Escort branco modelo Station Wagon, similar ao da foto mostrada abaixo.

De transmissão manual, imediatamente engatei a terceira marcha ao entrar na estrada R507 e rapidamente a quarta. Passamos por eles já a uma velocidade média de 80 km e aumentando gradativamente.

Enquanto distanciávamos mantive os olhos no retrovisor. Quando vi que entraram rapidamente na camioneta, não havia dúvida - este era o perigo.

Um quilômetro ou menos era distância entre nós e eles. Não sei se perceberam que a placa de nosso carro era do Lesotho, o que significava – que não eramos locais. Começamos a orar intensamente, enquanto mantinha os olhos na estrada.

62

Não havia outra opção senão ir adiante até *Marquard* a cidade mais próxima. Não podíamos retornar, entrar em alguma propriedade, parar ou tentar esconder. Qualquer decisão errada poderia ser fatal para nossa segurança.

Nossa única alternativa era chegar à cidade antes deles. De forma nenhuma poderíamos deixá-los nos ultrapassar.

A escuridão era quase total. A luz do farol da camioneta, vista no retrovisor, era a referência que eu tinha para medir a distância que nos separava.

Confesso que senti muito medo. Naquela área haviam apenas grandes propriedades, cujas casas ficavam longe da rodovia.

Nosso carro estava em velocidade máxima. Orava para que eu não cometesse nenhuma falha de direção, principalmente nas curvas, que o automóvel não apresentasse defeitos e nenhum animal silvestre cruzasse nosso caminho. Numa viagem anterior, quase colidimos com um grande veado.

Acompanhava pelo retrovisor a movimentação deles ininterruptamente a cada cinco segundos. Era uma espécie de rotina cansativa - Olhar para frente, no espelho retrovisor e sinais da próxima cidade no horizonte.

Sentia certo alívio quando não via a luz do farol deles, mas isto ocorria devido às curvas ou desnível na estrada. Nem sempre significava distância literal. Quando avistei a primeira placa indicativa de que a cidade estava a trinta quilômetros de distância, fiquei apreensivo.

Naquele momento desejei ter um BMW ou Mercedes, para fugir daquela situação quase voando. O que nos ajudou também foi a camioneta deles era de menor potência, caso contrário, só um milagre poderia nos livrar daquela perigosa situação.

Visão panorâmica da estrada durante o dia. Como é possível percebe , uma região pouco movimentada.

Geralmente os "piratas da estrada" seguem a mesma estratégia. Ultrapassam o carro da vítima e subitamente dão uma fechada, obrigando a vítima diminuir a velocidade. A seguir obstruem a passagem. Se a vítima tentar dar ré ou manobrar para voltar, eles atiram e pode resultar em mortes. Logo, exceto o motorista, descem do veículo armados e rendem as vítimas. No acostamento realizam o assalto. Expulsam o motorista e passageiro violentamente e fogem em ambos carros. Continuávamos orando sem cessar (I Ts 5.17). Avistamos outra placa indicando que faltavam 20 quilômetros. Pelos meus cálculos, a perseguição persistiria por 15-20 minutos.

Finalmente avistamos a terceira placa, indicando a distância de 10 quilômetros, o que nos trouxe certo alívio. Mas ainda não estávamos sentindo segurança, a não ser aquela que o Espirito Santo nos infunde. Finalmente no horizonte vimos as luzes da cidade de Marquard.

Quando faltavam cerca de 5 quilômetros para chegarmos à cidade, o farol do carro deles desapareceu do nosso retrovisor. Provavelmente desistiram de nós. O plano deles não vingou e o Diabo foi derrotado mais uma vez em seus propósitos de impedir a obra de Deus.

Área central da pequena cidade de Marquard em algum evento especial.

Quando entramos em Marquard fomos reportar a Polícia. O pequeno comércio estava fechado e não havia praticamente ninguém nas ruas. Havia apenas um policial de plantão. Relatamos o ocorrido. Ele disse que não poderia fazer nada, pois não tinha como ir ao encalço dos elementos sozinho. Na minha opinião ele deveria ter pelo menos ido em direção de onde viemos para verificar se encontrava a camioneta vermelha.

Disse nos que tivemos sorte, pois aconteceram situações semelhantes naquelas estradas, nas quais as vítimas tinham sido assaltadas e agredidas. Dissemos que Deus estava conosco e nos guardou.

Aliviados da perseguição, tínhamos agora que decidir - pernoitar na cidade ou prosseguir? Aliás, nem sei se havia hotel na cidade. Quem se hospedaria num local como aquele e por qual razão?

Prosseguir a viagem era correr o mesmo risco novamente. Eles poderiam ter seguido na mesma direção, enquanto reportávamos o fato na cidade. Não tínhamos esta certeza.

Outro fator era que no dia seguinte, domingo pela manhã, tínhamos culto e não havia como comunicar ao Thabang nossa ausência.

Oramos pedindo direção de Deus e sentimos que poderíamos prosseguir. Chegamos no Lesotho por volta das 10 h da noite, extremamente cansados.

Este relato mostra a dependência do missionário da mão de Deus em terras estrangeiras. Se estivéssemos desconectados com a voz do Espírito

Santo, talvez nem estaríamos vivos para contar tais experiencias. Deus é fiel e nos livrou

Porque eu sou contigo, e ninguém lançará mão de ti para te fazer mal, pois tenho muito povo nesta cidade – At 18.10

Capitulo IX

Primeiro batismo nas águas

Após meses de aprendizado do idioma inglês, organização jurídica da igreja, visitas, investimento financeiro, viagens, evangelismo e obras sociais, o batismo nas águas seria para nós uma recompensa por todo o esforço de toda nossa equipe.

Procuramos o local apropriado para a realização. Usamos tanque batismal quando não há opções como rios e lagos.

Seguindo indicações de Thabang encontramos um local apropriado próximo à cidade de *Teayateaneng*. Tínhamos que realizá-lo antes de junho, pois a temporada do frio se aproximava.

Frio em África?

Na capital Maseru, embora não seja frequente, testemunhei 15 centímetros de neve acumulada em nosso quintal. A paisagem ficou lindíssima. Há pousadas no interior que oferecem pista de esqui nos meses de inverno.

O turismo, embora não seja muito explorado, é uma importante fonte de renda aos artesãos que fabricam chapéus de palha típicos, cestos, tapetes decorativos, feitos a mão com lã de carneiro tingida.

Os pobres sofrem muito no inverno, pois não têm aquecimento em casa, a não ser o pequeno fogareiro cujo combustível é o querosene. Por esta razão, usam cobertores amarrados ao corpo, sobre a roupa.

As pouquíssimas casas com lareiras usam carvão mineral em forma de pedras, vendidas em sacos de 20 quilos. Mas sua fumaça tóxica pode matar se não houver uma chaminé para escoamento. Ouvimos que pessoas dormiram no sofá ao lado da lareira com carvão mineral e não despertaram no dia seguinte. A fumaça é tóxica.

No interior, a cadeia de montanhas *Maluti*, que atravessa toda a fronteira leste-oeste, mostra uma beleza rara, verdadeiros cartões postais, com seu topo constantemente coberto de neve.

Dia de festa na terra e no céu

A data do batismo foi marcada para o final de abril, um domingo de manhã. Alugamos duas vans para transportar as pessoas até o local.

No dia anterior a temperatura estava agradável e o dia ensolarado. Todavia, houve uma mudança repentina durante a noite e baixou drasticamente. Assim que chegamos ao local, sugeriram cancelarmos o evento e remarcá-lo. O problema é que a partir daí, a temperatura baixaria progressivamente. Se não realizássemos naquele dia, apenas depois do inverno. Além da expectativa que o evento causava, havia despesas com o aluguel das vans pagas com recursos da igreja.

Ministrei a palavra destacando a importância daquele ato de fé e união com a igreja. A seguir entramos na água. Pastor Altair Barreiros, de Serra, Estado do Espirito Santo, Brasil, estava conosco e realizamos juntos a ministração.

Confesso que a água estava um pouco fria, mas como líder, não podia demonstrar, para não desanimar os candidatos.

A primeira a ser batizada foi a senhora curada de surdez, no culto de inauguração, conforme relatado.

Em seguida, outra senhora foi batizada. O último foi o jovem *Taowana*, o tecladista da igreja. Fiquei com pena do rapaz. Só de olhar para a água ele começava a tremer.

Incentivei dizendo-lhe que nunca soubera de pessoas que morreram, nas águas do batismo.

Quando o baixamos às águas. segundos depois, quando o levantamos, deu um salto sobre mim parecendo um gato e colocou seus braços ao redor do meu pescoço. A princípio pensei: Foi batizado com o Espirito Santo!

Não foi. Tremia de ranger os dentes e dizia estar "morrendo" de frio. Logo o tiramos da água, demos uma toalha e roupa seca. Gradativamente foi se recuperando e voltando ao normal.

Conforme eu havia mencionado, ele não morreu. A partir deste evento assumiu compromisso de obedecer à palavra de Deus e pudemos notar a diferença. Apesar de não termos recursos financeiros suficientes para dar lhe um pequeno salário, de vez em quanto a igreja dava-lhe uma oferta para agradar. Afinal, como tecladista fazia uma grande diferença num país onde a música é algo que atrai as pessoas para ouvir a palavra de Deus.

Portanto, ide e ensinai, fazei discípulos em todas as nações, batizando-os em nome do Pai, e do Filho, e do Espirito Santo - Mateus 28.19

Capitulo X

Viagens pela África do Sul

Além das viagens a Johannesburg onde buscávamos o suporte financeiro da igreja no Lesotho, o pastor da África do Sul, Celso Omar, requisitou-nos ajuda para abrir igrejas no país. A seguir alguns dos projetos que concretizaram e outros deixados de lado naquele momento.

Base militar de *Pomfret* -
Na época era uma base militar sul-africana, nas proximidades com o deserto do *Kalahari*, na fronteira com *Botswana*. Ali viviam ex-soldados angolanos e respectivos familiares, alguns dos quais que lutaram ao lado do governo sul-africano em *Angola* e *Namíbia*.

Por meio de um contato, solicitaram a abertura de uma igreja de língua portuguesa e viajamos ao local para estabelecer o que chamamos de célula, até o estabelecimento oficial da igreja.

Havia um forte esquema de segurança na entrada principal. Todos os veículos e pessoas que entravam e saiam eram vistoriados e identificados.

Conhecemos algumas famílias de soldados angolanos que nos recepcionaram. Realizamos o culto em língua portuguesa e no dia seguinte retornamos a Johannesburg.

Mesmo tendo apoio do comandante-geral do quartel, Pastor Celso Omar tentou viabilizar um obreiro para fixar residência, mas as negociações não deram resultados. O projeto da abertura da igreja em Pomfret foi cancelado.

Pretoria

Pretória é a capital política do país. Quando a Igreja de África do Sul iniciou cultos regulares aos domingos em Pretória, a capital do país, também estivemos várias vezes colaborando. Os cultos eram bilíngues – português/inglês.

Cape Town

Havia projetos de abertura de igreja nesta grande cidade, local onde iniciou a colonização no sul do pais.

Planejamos uma viagem para averiguar a possibilidade de abertura da igreja e fazer contatos. Saímos de Maseru domingo depois de nosso culto na parte da manhã.

Seria impossível chegarmos a Cape Town no mesmo dia. Havia uma pequena cidade na rota principal, *Beaufort West*, parada obrigatória dos viajantes. Depois desta cidade, na rota ao sul, a rodovia era quase deserta, sem postos de gasolina ou hospedagem disponível, o que era arriscado fazê-lo à noite por questões de segurança

Fomos em quase todos hotéis e pousadas sem encontrar uma vaga para pernoitar. Só restava nos a opção de estacionar num acampamento e dormir no carro.

Quando estava desistindo, um senhor dono de uma pensão nos disse que se poderíamos pernoitar numa casa ao lado, a qual pertencia a ele. Mostrou o imóvel e parecia que há muito tempo não era ocupado. Tudo muito antigo, inclusive com quadros na sala de pessoas supostamente falecidas.

Havia um que me chamou a atenção. Perguntei quem era o personagem e o dono do hotel me disse que era o seu ta-ta-ta-ta-ta-ravô.

Não havia outra opção senão dormir naquela casa. Melhor que dormir na poltrona do carro.

Quando já estava em profundo, ouvi alguém bater na janela. Menos pior, pois era um ser humano. Levantei assustado e alguém em inglês perguntou se havia lugar disponível para dormir na casa. Disse que estava lotado e fosse procurar outro lugar.

Além do quadro do falecido na sala que nos incomodava, ainda aparece um perturbador ao vivo no meio da noite. Não me sentiria seguro dormir num local com pessoas desconhecidas. Toda precaução é necessária quando em viagem.

No dia seguinte prosseguimos até chegar a *Cape Town*. Estivemos ali por 3 dias coletando informações e procurando locais disponíveis. É uma cidade com belezas naturais e históricas, um dos pontos turísticos mais frequentado do país, principalmente *Table Mountain*, o local turístico mais visitado.

Um relatório com as informações básicas foram passadas ao Pr. Celso, mas por questões financeiras e falta de obreiro qualificado, o projeto de abertura não avançou.

Durban - A terceira maior cidade do país

Vista parcial da orla marítima de Durban, na província Zwazulu-Natal.

Nossa colaboração mais significativa foi a implantação da igreja em Durban, uma das maiores cidades do país, localizada na costa este (Oceano Índico).

Tem uma população mista. Há quase um milhão de descendentes de indianos vivendo na cidade.

Na primeira viagem que fizemos chegamos durante a semana, hospedamo-nos num hotel na área central e começamos a buscar um lugar onde pudéssemos alugar.

Após encontrarmos um cine e negociarmos com o gerente um contrato, passaríamos a utilizá-lo todos os domingos de manhã, das 8 às 13 horas. Com o local   garantido, o próximo passo seria marcar a data de inauguração e fazer a divulgação.

Estas viagens constantes eram cansativas, e somavam cerca de 12 horas contínuas. Nosso carro não tinha ar-condicionado, e com o calor que tornava a viagem cansativa.

Na véspera da inauguração, partimos do Lesotho para Johannesburg   para   recolhermos os equipamentos que usaríamos no culto e aporte financeiro para as despesas.

Na estrada federal que ligava a duas cidades, aconteceu algo que alterou nossa agenda.   Na região montanhosa, quando começa a descida para o litoral, havia uma forte neblina que nos impedia de enxergar 20 metros a frente mesmo com o farol alto.

Notamos que muitos carros foram parando nos hotéis da região e a estrada ficava deserta. Pouquíssimos carros prosseguiram.   Pensamos na hipótese de parar, hospedar em um hotel e prosseguir no dia seguinte, no entanto, pelos meus cálculos não chegaríamos a tempo para o início do culto.   Seria decepcionante   pessoas chegarem e não haver ninguém no local, dia e hora indicados. Todo nosso trabalho anterior estaria praticamente perdido.

Não havia opções, tínhamos que prosseguir. Nossa segurança ficara comprometida. Viajar por uma estrada que eu não conhecia, área montanhosa e com pouca visibilidade eram elementos contrários nesta noite. A estrada era bem pavimentada, e com pistas divididas, o que diminuía o risco de colisão frontal.

O compromisso com a obra de Deus era imperativo. Sabiamos que havia risco e decidimos continuar. Dirigia em baixíssima velocidade. Começamos a orar para que o Espirito Santo nos desse controle sobre o veículo e nenhum acidente acontecesse.

De repente algo extraordinário aconteceu. Entendemos como resposta à nossa oração. Um carro tipo esportivo que vinha atrás de nós, notando que trafegávamos muito lentamente, alinhou-se ao nosso lado e fez sinal com os faróis e lanternas. Entendi que deveríamos segui-lo.

Seguindo o movimento das lanternas traseiras do carro da dianteira pudemos prosseguir. Quando chegamos ao vale, a neblina dissipou e o carro arrancou em alta velocidade e nunca mais o vimos.

Era o motorista bom samaritano, que como um anjo do Senhor, nos ajudou quando mais necessitávamos.

Quando chegamos a cidade, era mais de meia-noite. O cansaço era grande, não tanto pela distância, mas pela tensão causada durante o trajeto.

Não tínhamos GPS, telefone celular ou feito reserva de hotel. Encontramos um cujo valor da estadia era caro, cerca de 150 dólares a diária. Não havia outra opção. Era arriscado procurar hotéis a essa hora.

Após os trâmites na recepção, nos dirigimos ao quarto. Praticamente desmaiamos na confortável cama. Mas a alegria durou pouco. Ao despertar, tínhamos que chegar antes das 9 horas, para a preparação do equipamento. Nem o café da manhã, que estava incluído no preço, pudemos desfrutar. Aproveitamos a situação para ficarmos em jejum até a conclusão do culto inaugural.

A inauguração transcorreu da forma como prevíamos. Havia cerca de 30 pessoas entre africanos e portugueses. Preguei a Palavra de Deus, oramos por curas, libertação e salvação. Deixamos o convite para retornarem no próximo domingo no mesmo horário. No dia seguinte retornamos para o Lesotho.

Hospedagem missionária

Posteriormente descobrimos uma pousada mantida por uma agência missionária, que hospedava pastores e missionários que vinham a Durban, cobrando um valor simbólico. Nas próximas vezes ali ficamos hospedados. Um lugar barato, seguro e confortável, fora a oportunidade de conhecer outros missionários de diferentes nacionalidades que ali se hospedavam.

Em outras vezes que ali retornamos fizemos contatos com portugueses que nos convidaram para irem a seus lares e orar.

Uma das portuguesas tinha um esposo incrédulo e nos convidou para jantar fazendo uma recomendação, que evitássemos falar de religião, pois seu marido era complicado.

Aceitamos o desafio. Chegando ao local fomos bem recebidos, tivemos um saboroso jantar e conversação sobre diversos assuntos. Porem, na hora de nos despedir para voltar ao alojamento, pedimos permissão a este senhor para fazermos uma oração, no que ele não fez objeção.

Então, através da oração pudemos expressar o que não pudemos falar e através desta estratégia, ele próprio nos convidou a retornar em outra oportunidade.

Na obra de missões, devemos seguir estratégias as vezes incomuns, para atingirmos o objetivo. E este dia foi um destes.

Nas próximas semanas os cultos prosseguiriam, mas não poderiamos dar continuidade, pois nosso objetivo era o Lesotho. O pastor Celso designou ao Pastor Tito que viera de Moçambique que falava bem o inglês, e deu prosseguimento a obra de Deus.

Porque, se anuncio o evangelho, não tenho de que me gloriar, pois me é imposta essa obrigação, e ai de mim se não anunciar o evangelho! (I Coríntios 9.16)

Capitulo XI

Quase uma tragédia

Retornando da inauguração em Durban, paramos em Johannesburg para dormir. No dia seguinte pela manhã estávamos novamente na estrada de volta ao Lesotho.

A viagem transcorria tranquila enquanto estávamos na rodovia federal N1. As extensas plantações de girassóis dominavam parte da paisagem, certo período do ano, cenário merecedor de fotos incríveis.

Saímos da rodovia antes de *Bloemfontein* e seguimos por estradas secundárias. O calor intenso, a falta de ar condicionado no carro e o cansaço acumulado de viagens consecutivas, colaboravam para a indisposição do corpo.

Durante o trajeto, minha esposa perguntara-me se não era melhor parar para descansar. Como já tínhamos parado há duas horas, preferi prosseguir.

Extensas plantações de girassóis é uma paisagem comum a beira das estradas da Africa do Sul,

No calor intenso da tarde, passávamos próximo a pequena cidade de *Clocolan*. Ali havia o cruzamento com a Rota 26, que nos levaria a Ladybrand e dali para a fronteira com o Lesotho. Apenas mais 2 horas estaríamos em casa.

Quando faltava menos de um quilômetro para chegarmos na Rota 26, algo terrível aconteceu. Meus olhos permaneceram abertos, mas a mente desligou. Era como se estivesse num sonho.

Estávamos a uma velocidade de 60 quilômetros por hora, por ser uma área próxima à cidade, embora não houvesse casas ou comércio na beira da estrada.

Quando minha esposa percebeu que o carro estava saindo da estrada, me alertou em voz alta:

- David, o carro está saindo da estrada!

Mais uma vez repetiu o alerta e voltei a realidade. Quando me dei conta, a metade do carro estava no asfalto e outra no acostamento não pavimentado. Havia uma montanha no lado esquerdo e no direito, um vale.

Como dirijo desde os 18 anos, estava ciente de que se eu freasse bruscamente, o capotamento fatalmente aconteceria.

Apenas o freio não resolveria a questão, porem não havia tempo para tentar reduções de marcha. A solução era só manter o controle de veículo e continuar freando. Pisei pausadamente várias vezes no pedal do freio, esperei diminuir a velocidade, e retornei ao asfalto. Consegui a redução da velocidade, mas o carro desgovernou. Senti a parte traseira indo para a esquerda e a direita.

87

Como era uma estrada com pouco movimento, felizmente não havia carros vindo atrás de nós. Apenas um carro na direção contrária. Quando o motorista percebeu que algo diferente acontecia, parou para impedir que outros carros passassem no momento e ficou observando o desenrolar da situação.

Quando pisei mais vez no freio até o fundo, o carro deu um cavalo de pau e ficou atravessado no asfalto. Subiu uma nuvem de poeira misturada com cheiro de pneu queimado e pastilha de freio.

O carro parou, mas a lei da gravidade fez com que as duas rodas do lado do passageiro levantasse, enquanto meu lado permaneceram no asfalto. A hipótese de capotar era certa, mas neste momento minha esposa gritou por socorro divino:

- O sangue de Jesus tem poder!

De repente, as duas rodas que estavam no ar caiu sobre o asfalto, levantando uma nova nuvem de poeira.

Graças a Deus o carro não capotou, não batemos ou colidimos com outro veículo. O carro poderia ter sido destruído como consequência do acidente. Inclusive neste dia, o carro estava mais pesado, pois trazia pelo menos 30 cadeiras de plásticos que havia comprado para a igreja.

O motorista que havia parado o carro na direção oposta se aproximou e perguntou o que havia acontecido. Respondi que havia dormido ao volante.

Perguntou se estávamos bem e se necessitávamos de ajuda. Agradeci sua ajuda, mas não era necessário. Estacionei o carro no acostamento e ficamos ali vários minutos até me recuperar do susto. Prosseguimos a viagem em baixa velocidade até nosso destino.

As marcas da freada ficaram impregnadas no asfalto por cerca de 3 meses. Todas as vezes que passávamos por lá, lembrávamos do livramento

Esta terrível experiência me ensinou que é melhor chegar mais tarde, do que nunca.

Aquela curva em Clocolan ficou gravada na minha mente até hoje. O apóstolo Paulo passou por situações adversas em seu tempo e deixou registrado nas suas cartas.

"Três vezes sofri naufrágio, passei um dia e uma noite, exposto à fúria do mar. Muitas vezes, passei por perigos em viagens, perigos em rios, perigos entre assaltantes, ...perigos na cidade, perigos no deserto, perigos no mar (2 Coríntios 11. 24 a 26 – partes).

Motorista na contramão

Outra ocasião em que quase nos envolvemos num acidente aconteceu numa rodovia que liga a capital Maseru ao sul do país.

Ali há intenso trafego de van de passageiros, ônibus e caminhões. Estavamos retornando para a casa depois de um passeio pelo interior. Na contramão veio uma van branca, destas que carregam passageiros.   Ele estava fazendo uma ultrapassagem irresponsável, pois não havia espaço suficiente para fazê-lo com segurança e retornar a sua pista.

Dei o sinal de farol alto várias vezes, mas parecia que ele não estava se importando. Sequer diminuiu a velocidade. Quando faltavam menos de 50 metros de distância entre os dois carros, tive que tomar a única decisão disponível para evitar o acidente. Saí para o acostamento mesmo que o espaço era limitado. A van passou por nós em alta velocidade. Não estava crendo que aquele motorista pudesse colocar a vida de seus passageiros em risco e a de outros.

Dou graças a Deus pelos livramentos que tivemos durante nosso período naquele país.

Capitulo XII

Thaba Bosiu (Montanha da Noite)

Cerca de 40 quilômetros ao norte de Maseru, há uma montanha e vilarejo chamado *Thaba Bosiu*; (*Thaba* significa montanha e *Bosiu*, noite).

Ali viveu o rei *Moshoshoe I*, que deu início a dinastia no país que permaneceu por 4 gerações até tornar-se uma monarquia constitucional que prevalece até hoje.

Thaba Bosiu tem importante parte na história do povo *basoto*. Moshoshoe I foi o responsável pela unificação das tribos espalhadas pelo território que formaram o país e delimitaram fronteiras com a África do Sul. Caso contrário, Lesotho poderia ser atualmente mais um estado ou província da África do Sul. Quando o exército *Boer* (descendentes de holandeses) avançavam sobre o território dos basotos, *Thaba Bosiu* foi uma proteção natural contra os invasores, estratégico ponto de defesa.

Thabang, nosso obreiro e intérprete, disse-nos que tinha parentes vivendo na região e seria uma excelente oportunidade para evangelizarmos aquela aldeia.

91

Fomos conhecer o local. Em muitos países africanos há uma tradição que prevalece - o visitante tem que pedir autorização ao chefe da aldeia para entrar.

Nós não éramos exceções, e esta autorização inclusive facilitava nosso trabalho, permitindo segurança e receptividade dos moradores.

Vista parcial da montanha Thaba Bosiu, uma proteção natural contra invasores.

Havia duas opções para chegarmos ao vilarejo. A mais fácil, porém mais longa, era através de estradas de terra. Esta opção permitiria que o carro ficasse a poucos metros do vilarejo.

Devido à chuva as vezes o carro atolava. Tínhamos que descer e empurrá-lo, exceto o motorista, que sem falta de opções, era eu.

Outras vezes o volume do riacho estava muito volumoso, o que impedia a travessia do carro. Tínhamos que prosseguir 20 minutos a pé.

A segunda opção, quando a estrada estava intransitável, era estacionar na base sul da montanha, e prosseguir caminhando. O caminho era estreito e íngreme. O tempo médio para chegarmos ao topo era de meia-hora.

Quando a temperatura estava quente, nossa maior dificuldade era a sede. Se a água que levávamos terminava no meio do caminho, não havia outra alternativa, tínhamos que esperar chegar no topo na casa mais próxima pedir

.

- **Metsi ka kopo** (um copo de água em sesoto)

O fato de eu ser de pele branca e estrangeiro, atraia a curiosidade de todos os moradores, especialmente as crianças.

Segundo informações éramos os primeiros brasileiros a visitar aquele vilarejo.

Quando estávamos a centenas de metros de distância, as crianças nos avistavam e saiam correndo pela aldeia gritando:

- *Motho o tla tla Moruti Macua* (O Pastor branco está chegando).

Eles eram nossa única publicidade. Em minutos os moradores do vilarejo sabiam que teríamos culto em frente a casa do chefe da aldeia.

Após cumprimentar as pessoas que estavam no local, colocávamos o teclado (a pilha, pois não havia eletricidade) sobre uma mesa. Algumas cadeiras eram trazidas da casa do chefe.

Segundo tradição local, as cadeiras eram para uso de visitantes e líderes da comunidade, geralmente idosos. Os demais se sentavam no chão, em latas vazias ou pedaços de madeira em formato de tamboretes.

A música tem importância fundamental. Ela atrai pessoas que cantam juntos, demonstrando alegria no rosto apesar da falta de recursos financeiros. Na cultura africana, ter bens e objetos não significa felicidade. Eles sempre trazem um sorriso na face.

Os cultos eram realizados mensalmente com um número expressivo de participantes, metade das quais eram crianças.

Após o encerramento da parte musical, eu pregava a palavra de Deus, com a tradução para o dialeto. Uma mensagem simples, a qual todos podiam entender.

Naquela altura havia aprendido algumas palavras do dialeto, e misturava ao inglês durante a mensagem. Também aprendi cantar alguns coros em sesoto.

Uma das primeiras músicas evangélicas em inglês que aprendemos foi Africa Will be Save (Africa será salva), interpretada por   Sammy Malete,

If you believe and I believe, *(se você crê e eu creio)*
Africa will be saved (3x) *(África será salva)*

The Holy Spirit must come down *(O Espírito Santo descerá)*
And Africa will be saved. *(E África será salva)*

95

If you believe and believe *(Se você crê)*
And together pray *(E juntos orarmos)*
The Holy Spirit must come down *(O Espírito Santo descerá)*
And Africa will be saved *(E África será salva)*

No final do culto, orávamos por todos individualmente. Não pedíamos nenhuma espécie de ofertas. Não queríamos transmitir que íamos com outra intenção a não ser anunciar a palavra de Deus.

Nosso objetivo era obedecer ao mandamento de Jesus, levar o Evangelho **até aos confins da terra**, que deu título a este livro.

Mensagem objetivas e de fácil compreensão era ministrada a todos os presentes.

O chefe da aldeia, bem como outros idosos, participavam conosco. Sempre que disponível, levávamos roupas usadas doadas pelos portugueses na África do Sul, as quais distribuíamos no final do culto.

Estes cultos eram para nós especiais. Devido à distância e dificuldade de acesso realizávamos apenas uma vez por mês. As fotos que lá clicamos estão entre as mais especiais de nossa coleção, pois falam por si próprias. Se eu tivesse uma máquina digital na época, teria mais de uma centenas.

Estas fotos registram o evangelho sendo pregado. Mostram a receptividade do povo basoto. Ao fundo, em direção ao norte e oeste, podemos observar as intermináveis montanhas Maluti, que são cartões-postais naturais do reino do Lesotho (Kingdom of Lesotho).

Sempre que possível, distribuíamos roupas doadas pelos portugueses da Africa do Sul.

97

Ide por todo o mundo, pregai o evangelho a toda criatura. Quem crer e for batizado será salvo.... (Marcos 16.15

Capitulo XIII

Novidades

Embora a igreja tivesse uma média de 50 pessoas nos cultos dominicais e nas quartas-feiras a tarde, o montante arrecadado com as ofertas eram insuficientes para cobrir as despesas.

Nosso orçamento mensal era de $ 2.500,00. A fim de reduzir os custos procuramos outra casa pastoral cujo valor do aluguel fosse menor.

Nova casa pastoral

Com a ajuda de Mr. Jabez, conseguimos uma casa de tipo sobrado, no conjunto residencial Qoqolosing, no bairro Maseru West.

A redução do valor foi significativa. Como não havia móveis, tivemos que comprá-los gradualmente. Era bem menor que a anterior, mas suficiente. Havia segurança durante a noite e excelente vizinhos. Descobrimos depois que um vizinho era muçulmano do Zimbábue, cujo trabalho no Lesotho era difundir a religião islâmica. Não sabia, até então, que havia "propagadores" da religião islâmica. No Lesotho eles nunca tiveram progresso, graças ao "nosso" Deus, único e verdadeiro. Apenas estrangeiros, geralmente comerciantes, são islâmicos.

Do outro lado do conjunto, havia uma casa na qual abrigava missionários mórmons norte-americanos que espalham heresias. A Igreja dos mórmons dá enfase ao trabalho missionário (deles, obviamente).

Casa pastoral em Qoqolosing, no bairro Maseru West.

Novo templo

Ao final de seis meses de contrato no cinema, optamos por não renová-lo. Era mais conveniente procurarmos um imóvel no qual pudéssemos utilizá-lo integralmente, ter acesso ilimitado, decorar segundo os padrões de uma igreja evangélica e ter local para guardar o equipamento de áudio.

Começamos a procurar um imóvel na região central, mas eram raros e caros. Após intensa busca encontramos um imóvel adequado. Com um contrato simples, renovável mês a mês, que poderia ser cancelado sem ônus por ambas as partes, alugamos o salão.

Necessitava de pequena reforma, pintura das paredes e reparo no piso. Adquirimos cadeiras plásticas de alta qualidade, suficientes para suportar o peso.

Ao comprá-las tive em mente um fato que ocorreu na igreja da África do Sul. Uma senhora acima do peso, sentou-se na cadeira plástica. Como em câmera lenta, os pés da cadeira começou a ceder, envergando até tocar o piso. A cadeira ficou completamente deformada, e ela precisou de ajuda para levantar, e isso durante o culto. Felizmente, apenas os que estavam mais atrás viram a cena e o culto não foi interrompido. Fiquei imaginando a situação do preletor, que do púlpito assistia a cena.

Fiz um projeto de um púlpito de madeira de cinco metros de comprimento por dois de largura. Compramos as madeiras para a base, piso e laterais.

Forramos com carpete e um pequeno portão foi instalado.

Colocamos cartazes bíblicos em inglês e *sesoto*. Num deles havia João 3.16, reproduzido abaixo.

Hobane Modimo o ratile lefatshe hakalo, o bile wa le nea Mora wa wona ya tswetsweng a nnotshi; hore e mong le e mong ya dumelang ho yena, a se ke a timela, a mpe a be le bophelo bo sa feleng.

Pregando todo tempo era o meu lema. No culto (a palavra de Deus) e antes dele (com o martelo).

A identificação da igreja na fachada principal foi instalada. Não havia água encanada disponível. O banheiro era do lado de fora e em péssimas condições. Precisávamos transportar em contêineres plásticos da casa pastoral onde havia agua encanada e tratada.

Como o país é muito frio entre maio a setembro, compramos aquecedores elétricos. Era necessário instalar carpetes para diminuir o frio.

Um senhor sul-africano que trabalhava com instalação de carpetes nos vendeu pedaços de sobras a um preço simbólico. Metade da igreja era coberta com carpete de uma cor, e outra metade, de outra. Acredite - Carpete era artigo de luxo e só ricos tinham em suas casas.

O importante era que as crianças podiam sentar no chão, como costume, sem sentir o frio do piso de cimento. Marcamos a inauguração do novo templo.

Era bem localizado, numa rodovia que ligava a capital Maseru ao sul do país (Mohales Hoek e Quting). Havia fluxo de trânsito constante durante o dia, o que tornou a igreja conhecida. Era comum os passageiros dos ônibus darem uma rápida olhada quando tínhamos cultos.

O proprietário era indiano de Gujarat (Estado da Índia). Nosso relacionamento era amigável. Nunca nos oprimiu mesmo sendo muçulmano. Tínhamos o cuidado de pagar o aluguel em dia ou no máximo 10 dias depois da data combinada.

Como o aporte financeiro vinha do Brasil, às vezes aconteciam atrasos, pois não havia sistema de transferência eletrônica como hoje são disponíveis.

Era burocrático enviar dinheiro do Brasil para o exterior.

Nestas ocasiões eu pagava o aluguel com meus recursos pessoais e quando chegava a provisão financeira, era ressarcido. Assim, nunca tivemos problemas com contas atrasadas.

Situação embaraçosa para missionários, é quando não conseguem manter os compromissos financeiros em dia, com o risco de ser despejado e enfrentar situações humilhantes.

Com a ajuda pastoral que a missão me destinava mensalmente, gastava o mínimo possível, justamente para emergências como estas. Um dos requisitos importantes aos missionários é administrar o dinheiro com sabedoria para evitar problemas desnecessários.

Cultos das campanhas as quartas-feiras onde haviam sempre muitas pessoas.

No novo templo a igreja cresceu numericamente. Não era possível realizar cultos à noite por falta de segurança e iluminação pública. Os cultos são realizados aos domingos de manhã e durante a semana.

Cultos aos domingos.

Aspecto das proximidades da igreja, na região sul de Maseru.

Novo carro

Como os membros não tinham transporte próprio, surgiu a necessidade de adquirirmos um veículo maior para transportá-los.

Na cidade de Bloemfontein, encontrei uma Kombi numa agência,   por um preço acessível, cujo modelo e a cor é exatamente ao da foto abaixo. Excelente para uso da igreja.   Usávamos para buscar pessoas que moravam distantes da igreja.

. Ter um carro deste tipo na África, não é luxo, é uma ferramenta de trabalho e ajuda na mobilidade para fazer a obra de Deus.

E, Deus é poderoso para tornar abundante em vós toda graça, a fim de que, tendo sempre, em tudo, toda suficiência, superabundeis em toda boa obra - 2 Coríntios 9.8

Capitulo XIV

Portugueses, de cá, e de acolá

Não seria justo deixar de mencionar a importância que tiveram os portugueses da África do Sul e Lesotho apoiando a obra missionária.

A princípio não era nossa intenção implantar igreja de língua portuguesa, mas não perdemos oportunidades que Deus colocou em nosso caminho.

Portugueses do Lesotho

Havia poucos portugueses no país. Muitos preferiam morar do outro lado da fronteira e vir trabalhar todos os dias, retornando para casa no mesmo dia. Eles temiam que acontecesse alguma revolta militar ou popular e fossem vítimas por serem estrangeiros e de pele branca. Isto já ocorreu antes de nossa chegada e depois que saímos do país para Austrália. A área comercial foi duramente afetada com saques, depredações e até incêndio criminoso.

Enquanto estávamos realizando cultos na casa pastoral num bairro relativamente seguro e próximo ao centro da cidade, alguns poucos portugueses compareciam. Porem, depois que a igreja foi inaugurada na área periférica de Maseru, não sentiram seguros para frequentá-la. A região em que estava localizada quase não havia estrangeiros, especialmente de pele branca.

Fátima e Urbano desde nossa chegada nos apoiaram, sempre dispostos a ajudar no que fosse necessário. Porem vale salientar que financeiramente nós pagávamos todas as contas com o dinheiro enviado pela missão. Quando eles davam ofertas, no entanto não rejeitávamos, pois o princípio da prosperidade é semear. E se eles queriam semear, nós não impediríamos. Mas sempre deixamos transparecer que não tínhamos interesse financeiro com a amizade deles.

Infelizmente, porem ser Urbano um dono de lapidação de diamante, foi vítima de ladrões que levaram várias pedras que havia no cofre da empresa. Não sentindo mais seguro em continuar com o negócio, preferiram mudar para a Namíbia. Foi algo lamentável e sentimos muito pelo prejuízo.

Lina, era jovem filha de portugueses imigrantes, frequentou os primeiros cultos na casa pastoral, nos ajudava em traduções e deu classes de inglês para minha esposa. Todavia, nunca decidiu tornar-se membro e batizar nas águas. Posteriormente mudou-se para o Canadá e perdemos o contato. Fizemos amizades com muitos portugueses e não deixamos que as diferenças culturais ou religião interferissem.

Um dos segredos do missionário que trabalha com a comunidade portuguesa é evitar criticar a idolatria, ou apontar os erros doutrinários da igreja católica. Deve ao invés apresentar-lhes Jesus vivo, que não está mais na cruz, e ainda faz milagres.

Cidade de Ladybrand, no Orange Free State, África do Sul

O povo português tem muita fé, porem às vezes mal direcionada. Como missionários, é nosso dever ensiná-los que a Bíblia está acima de qualquer tradição religiosa.

Portugueses de Ladybrand
Foi em Ladybrand onde nosso trabalho com os portugueses deu mais resultados efetivos. Tinhamos um visto especial renovável a cada seis meses que

dispensava a necessidade de descer do carro para carimbos e trâmites burocráticos

Tudo começou quando decidimos ir a um Café na cidade para conhecermos e fazer novos contatos. O real missionário não fica entre quatro paredes. O seu campo de atuação é o mundo.

Quando a garçonete soube que eramos brasileiros e missionários ficou surpresa, pois raramente isto acontecia.

Através de suas informações, nos dirigimos a um pequeno supermercado e conhecemos o proprietário, Manoel.

Sua esposa, sul-africana, estava com uma enfermidade até então incurável. Já havia recorrido ao auxílio da medicina sem sucesso. Ele nos convidou para irmos à casa deles orarmos por ela. Marcamos o dia e retornamos na próxima semana.

Oramos em favor dela, a qual ficou completamente curada. Este acontecimento espalhou na pequena cidade entre os portugueses que queriam nos conhecer. Marcamos um culto na casa deles na próxima semana e haviam pelo menos 15 pessoas, entre sul-africanos e portugueses.

A partir dai, nos dias que não havia cultos na igreja de Maseru, começamos a fazer visitas aos portugueses da cidade.

Livrando-se da idolatria

Os pais de Manoel, Sra. Margarida e esposo, originários do norte de Portugal, nos convidaram à casa deles para um café e aceitaram estudar a Bíblia conosco.

Na sua casa havia muitas imagens e quadros de santos. Durante nossas visitas, nunca tocamos neste assunto, mas sempre enfatizando a superioridade de Jesus sobre tudo e todos.

Os estudos bíblicos eram semanais em lições breves e de fácil compreensão. Passados cerca de 3 meses, sem que tocássemos no assunto, a Sra. Margarida, perguntou nos se deveria retirar os quadros e imagens.

Disse a ela que competia a ela a decisão. Prontamente os quadros e imagens foram retirados e colocadas num saco.

Este é o trabalho do missionário. Ensinar a genuína palavra de Deus. Só não foi possível batizá-los nas águas, por falta de tempo hábil e porque deixamos o Lesotho para um novo campo missionário. Mas a semente ficou plantada.

Problema comercial do Arnaldo

Tratamos do caso de um português por nome Arnaldo, que morava em Ladybrand, mas tinha um estabelecimento comercial em Maseru.

A proprietária do imóvel na área central, sem apresentar razões lógicas, pediu o imóvel e deu a ele um curto prazo para desocupar.

Fizemos orações na casa dele, bem como no local do comércio. Poucos dias depois eles entraram em acordo e a situação reverteu favoravelmente. Ele que permaneceu no local.

Porem ele tinha problema com vício de jogos, já que no Lesotho há um cassino. Infelizmente ele não ouviu nossos conselhos e preferiu continuar na escravidão do vício que estava destruindo sua vida financeira e seu matrimônio.

Comerciantes prósperos
Fátima, era da Ilha da Madeira e com o esposo eram proprietários de uma loja de conveniência em Maseru, a qual chamam genericamente de "café". Porém café é o que menos tem.

Quando ela soube que eramos missionários, passou a nos oferecer desconto em nossas compras. Após visitarmos sua residência em LadyBrand passou a fazer doações de roupas usadas para serem distribuídas a crianças pobres.

Ajuda bem-vinda
Geralmente nunca pedíamos ofertas, mas voluntariamente davam em envelopes, as quais eram depositadas integralmente na igreja e constava no relatório financeiro.

Apesar quantidade de pessoas que frequentavam os cultos na igreja, após o encerramento, ao contarmos as ofertas não ultrapassava 20 dólares.

Já o total que os portugueses ajudavam totalizava quase $ 500 dólares mensais. Cobria um quarto das despesas gerais da igreja.

Portanto, a todos os portugueses que lerem este livro, registro a minha apreciação pela colaboração em nosso ministério.

E a palavra do Senhor se divulgava por toda aquela província - Atos 13.49

Capitulo Final

Tsamaya Lesotho

De madrugada o telefone da casa pastoral tocou.
Era do Escritório central da missão no Brasil.
Informaram que deveríamos deixar o país, ir para
Johannesburg. Tínhamos um novo desafio -
implantar igrejas em Austrália.
Nunca tive a pretensão de inflacionar números
para impressionar quando o assunto é missões.
Tenho consciência de que o trabalho de um
missionário não é ajuntar multidões como alguns
imaginam, mas fazer discípulos.
Nosso trabalho   sempre foi modesto, com recursos
limitados, porém constante. Conheço missionários
os quais foram a outros países   com uma visão (às
vezes ilusão) de ganhar multidões. Ficaram
decepcionados com a colheita, pois imaginavam que
no campo missionário os resultados seriam imediatos.

Outros achavam que seria a oportunidade de
serem reconhecidos pelo ministério que os enviaram.
Alguns voltaram decepcionados para o país   de

origem, neste caso, Brasil, sem colher o fruto do trabalho.

Outros foram a países onde a malária é enfermidade tão comum como a gripe e tiveram que retornar por motivos de saúde.

Louvo a Deus porque fomos enviados a um país livre de malária, fomos a um país considerado economicamente pobre, mas cujo povo sempre tem um sorriso para oferecer.

Raramente acontecem homicídios. Homem é homem e mulher é mulher. A taxa de suicídio é quase zero. Stress e depressão são sentimentos que a maioria da população desconhece. Psicólogos nem existem por lá e se abrir o consultório, vai fechar por falta de clientes. A preocupação básica do povo é ter o que alimentar ou ter querosene para o aquecimento.

Durante o período que estivemos ali, nunca vimos dois homens brigando publicamente, pois eles se consideram como se fosse uma grande família.

Agradeço a Deus pela oportunidade de ensinar o que aprendi. Houve oposição ao nosso trabalho, mas houve oração e recursos financeiros não faltaram.

Agradeço a Deus pela saúde que desfrutamos. Nunca ficamos internados ou contraímos doenças contagiosas.

Quando anunciamos que iríamos partir, a igreja lamentou, mas entendeu. Foram dois anos de intenso trabalho. Este é o trabalho do missionário. Fizemos nossa parte plantando, outros colherão.

No último culto com igreja local fizemos questão de clicar uma foto com todos.

Dois dias depois preparamos nossas malas, pagamos os alugueis da igreja e casa pastoral adiantados. Passamos instruções para Thabang que ficaria interinamente até a chegada do novo pastor.

Quando passamos pela fronteira, dei a última olhada para a cidade de Maseru e disse comigo mesmo:

- Tsamaya Lesoto. (Adeus Lesotho)

A obra de cada um se manifestará; na verdade o dia a declarará, porque pelo fogo será descoberta; e o fogo provará qual seja a obra de cada um.
Se a obra que alguém edificou nessa parte permanecer, esse receberá galardão. I Coríntios 3. 13,14

A obra de cada um se manifestará; na verdade o dia a declarará, porque pelo fogo será descoberta; e o fogo provará qual seja a obra de cada um.
Se a obra que alguém edificou nessa parte permanecer, esse receberá galardão. I Coríntios 3. 13,14

Made in the USA
Middletown, DE
29 August 2024

59640220R00071